写真展
「戦後 70 年」
－定点観測者としての通信社－

Photo Exhibition:
70 Years After World War II
– A news agency as an eyewitness –

公益財団法人　新聞通信調査会
Japan Press Research Institute

写真展
「戦後 70 年」
－定点観測者としての通信社－
開催にあたって

　「戦後 70 年」をどう捉えるか、人によって意見や見方が分かれる難しい問題です。生まれた年齢や世代、育った境遇によって、この言葉から思い出す風景や記憶はさまざまです。また、この 70 年間を明治や昭和のように一つの時代として位置づけることも容易ではありません、大規模な国際紛争や戦争に巻き込まれずに済んだという意味では、平和な時代だったと言えますが、あの無謀な戦争の傷跡は今でも多くの人々の心の底に残っており、気易く「平和」を口にすることはできません。それに、冷戦終結後、世界各地ではむしろ流血のテロや惨事が増え、地域紛争が絶えないのが現実で、私たちは常に不測の事態に直面する危険にさらされています。

　かつて「もはや戦後ではない」という言葉がはやりました。この言葉を使った 1956 年（昭和 31 年）の経済白書は「回復を通じての成長は終わった。今後の成長は近代化によって支えられる」として、これからは真の意味の近代化と構造改革、言い換えれば、自らを改造する、苦痛を伴う手術が必要であり、日本は新しい国造りに出発しなければならないと強調していました。確かに、生産量の回復という点では、「戦後復興」は一段落したかもしれませんが、「自らを改造する」抜本的な構造改革はいまだに道半ばのように思えます。これは経済面だけに限りません。

　戦後の日本人は戦火によって焼け野原になった廃墟からたくましく立ち上がり、目覚ましい復興を成し遂げました。そしてそれと同時に、戦争という多大な犠牲を払って生まれ変わった新生日本は平和国家としての道を歩み始めました。「戦後 70 年」はまさにその営々とした歩みの歴史だったと言えます。

　1964 年の東京オリンピック開催や東海道新幹線開通などの成果は文字通り日本の復興のシンボルであり、平和主義を高らかにうたった新憲法の制定やサンフランシスコ講和条約の調印、民主主義国家への仲間入り、国際社会への復帰は平和国家としての着実な前進でした。しかし、その一方で今、解釈改憲による集団的自衛権容認の動きも起こっており、平和国家としての真価が問われています。

　本写真展では、毎年発表される 10 大ニュースを基準にしながら、ほぼ 10 年刻みでその時代を象徴するニュース写真を選び、戦後の日本の歩みを時代を追って振り返えるように考慮しました。少しでも皆さまの参考になれば幸いです。

公益財団法人　新聞通信調査会
理事長　長谷川　和明

Photo Exhibition:
Photo Exhibition "70 Years After World War II"
– A news agency as an eyewitness –

How to assess the 70th anniversary of the end to World War II is a difficult question because it means a lot of different things to a lot of different people. It evokes various memories depending on when you were born, the generation you belong to and circumstances you grew up in. It is also not easy to categorize the last 70 years as an era such as the Meiji or Showa era. It has been a peaceful period in which Japan has become involved in no large-scale international conflicts or wars. But the scars of that reckless Second World War are still etched in the minds of many people and we cannot utter the word "peace" easily. Besides, terrorist attacks and catastrophes have increased and regional conflicts have been constant in many parts of the world since the end of the Cold War. And we always face the risks of contingencies.

There was a time when the phrase "It is no longer termed postwar" was in vogue. An economic white paper in 1956 used the phrase, stating that economic growth through recovery from the war was over and that future growth would be fueled by modernization. The white paper emphasized the need for Japan to embark on new nation-building through genuine modernization and structural reform -- in other words, painful surgery to remodel itself. Japan has certainly achieved its objective of postwar reconstruction in terms of recovery in production, but it seems to have a long way to go to carry out fundamental structural reform. This campaign to remodel Japan by itself is not limited to the economy.

The Japanese people, recovering from the ruins of the war, viably stood on their own feet and achieved remarkable reconstruction. And at the same time, a new Japan reborn after many sacrifices in the war started down the path to become a peaceful country. The 70 years since the end of the war have been also the history of Japan strenuously having preserved peace.

The Tokyo Olympics and the inauguration of the Tokaido Shinkansen Line, both in 1964, and other achievements have indeed been symbols of Japan's reconstruction. The establishment of the new Constitution proudly championing peace, the signing of the San Francisco Peace Treaty, the joining in the ranks of democratic countries and the return to the international community symbolized Japan's steady progress as a peaceful country. On the other hand, the Japanese government is moving to approve exercising the right to collective self-defense by reinterpreting the postwar Constitution, putting the country to the test as a peaceful country.

This photo exhibition showcases major news photos in about 10-year increments based on the top 10 domestic news stories released annually to look back at the footsteps of postwar Japan chronologically. We hope you will find this exhibition informative.

Kazuaki Hasegawa
Chairman
Japan Press Research Institute

1945(昭和20)年～1949(昭和24)年
焼け跡からの再建

国内10大ニュース
監修：共同通信社

※1945、1946年は発生日順

1945(昭和20)年
①三河地震(M7.1、死者1,961人) ②広島、長崎に原子爆弾 ③ポツダム宣言受諾、天皇「終戦の詔勅」 ④ミズーリ艦上で降伏文書調印 ⑤GHQ(連合軍総司令部)設置 ⑥マッカーサー、日本管理方針声明 ⑦GHQ、A級戦犯逮捕始める ⑧GHQ、日本改革・管理法指令 ⑨近衛文麿元首相、服毒自殺 ⑩政党政治復活、婦人参政の新選挙法成立

1946(昭和21)年
①天皇人間宣言「神格否定の詔勅」 ②農地改革実施 ③金融緊急措置令、新旧円交換 ④公職追放令公布、施行 ⑤米国教育使節団、義務教育9年制など建言 ⑥新選挙法による第1回総選挙 ⑦メーデー、11年ぶり復活・食糧メーデー ⑧極東国際軍事裁判開廷(東京・市ケ谷) ⑨日本国新憲法公布(11月3日) ⑩南海地震(M8.1、死者不明1,464人)

1947(昭和22)年
①新憲法施行記念式典(5月3日) ②ゼネストにGHQ中止命令 ③片山哲社会党内閣成立 ④カスリン台風(東日本・北海道) ⑤民間貿易制限付き再開許可 ⑥新物価体系1千8百円ベース発表 ⑦石炭国家管理法、第1国会で成立 ⑧古橋広之進の水泳世界新記録樹立 ⑨内務省、解体 ⑩百万円宝くじ売り出し

1948(昭和23)年
①極東国際軍事裁判判決 ②帝銀事件 ③昭電事件(芦田均内閣総辞職) ④官公労ストとマッカーサー書簡 ⑤福井地震(M7.3、死者5,168人) ⑥古橋、橋爪四郎の水泳世界記録樹立 ⑦主食増配1日2合7勺(約400グラム)実施 ⑧神戸・朝鮮学校事件 ⑨礼文島金環食観測 ⑩アイオン台風(近畿・東日本)

1949(昭和24)年
①湯川秀樹博士にノーベル物理学賞授与 ②ドッジ予算の成立とインフレ終息 ③国電三鷹駅の無人電車暴走事件 ④古橋、橋爪、全米水上で世界新記録 ⑤法隆寺金堂の壁画焼く ⑥下山定則国鉄総裁謎の死 ⑦シベリアの引き揚げ者騒ぐ ⑧24回総選挙に民主自由党大勝 ⑨シャウプ博士の税制勧告 ⑩米プロ野球SFシールズ軍来日

1945　玉音放送
Emperor's radio address

1945（昭和20）年8月15日正午過ぎ、昭和天皇は、ポツダム宣言を受諾し降伏するとの終戦の詔書をラジオ放送で国民に伝えた。このあと皇居前広場には、ひざまずき頭を下げる人たちの姿があった。

1945 マッカーサー元帥
Douglas MacArthur

1945（昭和20）年8月30日午後、連合国軍最高司令官ダグラス・マッカーサー元帥が、専用機ダグラスC 54バターン号で神奈川県の厚木飛行場に着いた。この日から51年4月まで5年7カ月にわたり、GHQの最高権力者として、日本の民主化のため数々の改革を実施した。

1945 降伏文書に調印
Japan signs surrender document

1945（昭和20）年9月2日、降伏文書調印のため東京湾の米戦艦ミズーリに到着した重光葵以下の日本代表団。米、英、仏など欧米ではこの日を終戦記念日としている国が多い（米国防省撮影）

1945 東京大空襲
After Great Tokyo Air Raid

東京大空襲で焼け野原と化した霞が関の官庁街。国会議事堂（中央）も焼夷弾を受けたが、大きな被害には至らなかった。撮影は1945（昭和20）年10月4日。

2014 現在の国会周辺
Diet building & vicinity today

戦後70年を迎える東京・霞が関周辺。国会議事堂の姿は終戦直後とあまり変わらないが、周辺の道路は整備され、銀座から新橋にかけて高層ビルが建ち並んだ。撮影は2014（平成26）年12月。

1947 新憲法施行
New Constitution

1947（昭和22）年5月3日、戦争放棄などをうたう日本国憲法が施行され、二院制の国会には貴族院に代わって参議院が誕生、国会議事堂の入り口に真新しい「参議院」の看板が掛けられた。

1949 下山事件
Mysterious "Shimoyama Incident"

1949（昭和24）年7月5日、登庁途中に国鉄の下山総裁が行方不明になり、翌6日未明、常磐線綾瀬駅付近でれき死体で発見された。

1949 初のノーベル賞受賞
First Nobel prize winner

1949（昭和24）年11月3日、湯川秀樹博士が日本人で初めてノーベル物理学賞受賞者に選ばれた。同年12月10日、スウェーデン・ストックホルムで授賞式に臨んだ湯川夫妻は、夕食会で恒例のダンスを披露。

1950（昭和25）年〜1959（昭和34）年
復興、国際社会への復帰

国内10大ニュース　監修：共同通信社

1950（昭和25）年
①警察予備隊設置　②日本共産党幹部の追放と地下活動　③公職追放解除　④金閣寺全焼　⑤ジェーン台風（四国、近畿、東日本）　⑥第2回参院選挙、社会党躍進　⑦地方税改正と住民税創設　⑧電力再編成、ポツダム政令で公布　⑨三鷹事件判決　⑩日米水泳対抗競技

1951（昭和26）年
①講和・日米安保両条約批准　②マッカーサー元帥離任　③国電桜木町事件　④公職追放解除の終了　⑤社会党の分裂　⑥米の統制撤廃流産　⑦ルース台風（全国）　⑧異常渇水と電力危機　⑨貞明皇后崩御　⑩国内航空復活

1952（昭和27）年
①講和・安保両条約発効　②25回総選挙、第4次吉田茂内閣成立　③23回メーデー事件　④立太子礼　⑤炭労、電産争議　⑥海上保安庁発足　⑦スターリンソ連首相の日本国民への年頭メッセージ　⑧3つ（拳闘・レスリング・卓球）の世界選手権獲得　⑨呉・神戸で英兵の暴行強奪事件相次ぐ　⑩日航機もく星号墜落

1953（昭和28）年
①風水冷害と凶作　②解散と26回衆院選、3回参院選　③防衛問題急進展　④皇太子の外遊　⑤外地から続々引き揚げ　⑥李承晩ライン問題と日韓会談決裂　⑦内灘村など深刻化する基地問題　⑧奄美大島の復帰　⑨テレビ放送開始（NHK2月1日、民放8月28日）　⑩山田敬蔵、ボストン・マラソン優勝

1954（昭和29）年
①洞爺丸など5隻沈没（死者1,430人）　②第五福竜丸の被爆事件　③吉田内閣総辞職、鳩山一郎内閣成立　④李徳全女史ら来日と各界代表訪中　⑤警察法案めぐり国会空前の大乱闘　⑥緊縮政策で不況深刻化　⑦MSA発効と自衛隊誕生　⑧二重橋事件（死者17人）　⑨近江絹糸の人権闘争　⑩世界卓球選手権男子単、男女団体で日本優勝

1955（昭和30）年
①保守、革新2大政党時代へ　②空前の大豊作、実収8千万石　③日ソ国交正常化交渉　④紫雲丸沈没（死者168人）　⑤日米原子力協定調印　⑥基地反対闘争の激化　⑦日共3幹部出現と徳田球一死亡　⑧森永粉ミルク中毒事件　⑨日中交流活発化　⑩ボストン・マラソンで浜村秀雄優勝

1956（昭和31）年
①鳩山首相訪ソと日ソ国交回復　②日本の国連加盟　③鳩山引退と石橋湛山新総裁決まる　④戦後最高の人気を呼んだ証券取引所　⑤第1次南極観測船「宗谷」壮途へ　⑥4回参院選挙と社会党の進出　⑦砂川強制測量で流血　⑧マナスル登頂　⑨新潟・弥彦神社の惨事（死者124人）　⑩メルボルン五輪で金メダル4個

1957（昭和32）年
①第1号原子炉完成、原子の火ともる　②石橋から岸信介政権へ　③岸首相の米国、東南ア訪問　④政府の経済政策大転換（神武景気→ナベ底へ）　⑤国際紛争になったジラード事件　⑥国連安保理・非常任理事国に当選　⑦九州、諫早・大村の大水害　⑧南極「昭和基地」（オングル島）の建設　⑨日米共同声明と在日地上軍撤退　⑩総評の春季闘争

1958（昭和33）年
①皇太子妃（正田美智子）決定　②国会内外の警職法反対闘争　③28回総選挙と第2次岸内閣成立　④中国の対日政策硬化　⑤狩野川台風による伊豆の水害　⑥勤評反対闘争　⑦アジア競技大会を東京で開催　⑧売春防止法発効　⑨王子製紙争議　⑩全日空機DC3型伊豆沖で墜落

1959（昭和34）年
①伊勢湾台風　②安保改定をめぐる保守、革新の対決　③皇太子ご結婚　④砂川事件伊達判決　⑤社会党の分裂（民社党発足35年1月24日）　⑥国会請願デモ事件　⑦松川事件、最高裁で差し戻し　⑧エネルギー革命と石炭労使の紛争　⑨東京五輪の開催決定　⑩在日朝鮮人の北朝鮮帰還

1950 金閣寺放火全焼
Kinkaku-ji Temple fire

1950（昭和25）年7月2日、京都の国宝金閣寺が放火により全焼し、創建者の室町幕府3代将軍・足利義満像などの歴史的に貴重な古美術品も灰になった。現在の姿は5年後に再建されたもの。

1950 朝鮮戦争
Korean War

1950（昭和25）年、朝鮮戦争が勃発。日本には米軍の兵站司令部が設けられ、米軍を中心とする国連軍の物資調達（特需）は日本経済の原動力になった。写真は破損した戦闘機などの修理をする岐阜県の川崎航空機工場（撮影は1953（昭和28）年7月　毎日新聞社提供）

1951 サンフランシスコ講和
San Francisco Peace Treaty

1951（昭和26）年9月4日から米国サンフランシスコで対日講和会議が開かれ、8日の同条約の調印式では、日本全権団首席の吉田茂首相が署名。会議に参加した52カ国中、ソ連など3カ国は調印を拒否した。同日、日米間では安全保障条約が調印された。

1951 世界のクロサワ（羅生門）
Prize-winning director Kurosawa

1951（昭和26）年、黒澤明監督がメガホンをとり、三船敏郎、京マチ子が出演したモノクロ映画「羅生門」がベネチア国際映画祭の金獅子賞と、アカデミー賞名誉賞を受賞した。いずれも日本映画では初（©KADOKAWA）

1954 第五福竜丸
Fukuryu Maru No. 5

1954（昭和29）年3月1日、米国が太平洋のビキニ環礁で水爆実験をし、静岡県焼津市のマグロ漁船、第五福竜丸の23人も被ばくした。。写真は静岡県焼津港に戻り検査を受ける第五福竜丸（焼津市役所提供）

1955 55年体制
'55 political regime

1955（昭和30）年2月27日の総選挙で、鳩山一郎首相率いる民主党は第1党となるものの衆院議席数の40％を切り、政局の安定には自由党の協力が欠かせなくなった。財界からも保守政権の安定を強く要請され、民主、自由両党合同への動きが加速し、11月15日に自由民主党が結成された。

1956 日ソ国交回復
Restoration of Japan-Soviet ties

1956（昭和31）年10月19日、モスクワで行われた日ソ国交回復の共同宣言調印式で署名する鳩山一郎首相（左）とブルガーニン・ソ連首相（タス通信）

1956 国連加盟
Japan joins U.N.

1956（昭和31）年12月19日、首相官邸で開かれた国連加盟祝賀会であいさつする鳩山首相。国連総会における全会一致の承認を得て80番目の加盟国として国際連合に加盟した。

1958　建設中の東京タワー
Tokyo Tower under construction

1958（昭和33）年3月3日に撮影された建設中の東京タワー。まだ、都電が走っていたころの昭和の街並みがわかる。東京タワーの完成は同年10月で、正式名称は「日本電波塔」

1959　伊勢湾台風
Typhoon Isewan (Vera)

1959（昭和34）年9月、台風15号（伊勢湾台風）は伊勢湾や紀伊半島沿岸を中心に甚大な被害をもたらした。死者・行方不明は約5千人で、その多くが高潮によるとみられ、住宅の全壊は約4万戸。台風の去った翌日、いかだ代わりに給水ドラムを使って名古屋市内を移動する被災者。

| 1959 | **ご成婚パレード**
Royal wedding |

1959（昭和34）年4月10日午後、結婚の儀、朝見の儀を終えられた皇太子さまと美智子さまご夫妻が6頭立てのオープン馬車で皇居から東宮仮御所までパレード。沿道9㌔にご夫妻の姿を見ようと集まった人は53万人、テレビ中継で見た人は1500万人にも上った。

1960（昭和35）年～1969（昭和44）年
安保、高度経済成長

国内10大ニュース
監修：共同通信社

1960（昭和35）年
①安保闘争とアイゼンハワー米大統領の訪日中止　②新安保条約の調印と自然成立　③浅沼稲次郎社会党委員長刺殺事件　④三井三池争議、第1、第2組合衝突　⑤池田勇人内閣誕生と9％成長政策　⑥29回総選挙と民社党の惨敗　⑦浩宮ご誕生　⑧チリ地震津波（死者139人）　⑨雅樹ちゃん誘拐殺害事件　⑩プロ野球日本シリーズ、大洋初優勝

1961（昭和36）年
①池田首相の米国、東南ア訪問　②松川事件、無罪判決　③国際収支の悪化と株価暴落　④集中豪雨と第2室戸台風　⑤実力者内閣誕生　⑥小児マヒに生ワクチン成功　⑦嶋中事件　⑧日米貿易経済合同第1回委員会　⑨釜ケ崎事件　⑩第3回世界柔道選手権で日本敗れる

1962（昭和37）年
①国鉄三河島事件（死者160人）　②池田首相訪欧と日英通商条約調印　③不況浸透と経済政策転換　④貿易自由化、88％実施　⑤大揺れの五輪体制　⑥全国にニセ千円札横行　⑦6回参院選挙と池田改造内閣成立　⑧堀江謙一青年のヨット単身太平洋横断　⑨皇太子夫妻のアジア訪問　⑩女子バレー（日紡貝塚）の世界制覇

1963（昭和38）年
①国鉄・鶴見事故、三井三池鉱爆発事故　②吉展ちゃん誘拐事件　③松川事件の全被告無罪確定　④30回総選挙、第3次池田内閣発足　⑤物価値上がりと株価の低迷　⑥豪雪、日本海側を襲う　⑦池田首相、太平洋4カ国訪問　⑧沖縄でみどり丸沈没　⑨東京スポーツ国際大会（37カ国）　⑩日米初の通信衛星によるテレビ中継成功

1964（昭和39）年
①アジアで初、東京五輪開催　②池田首相入院、佐藤栄作内閣誕生　③新潟地震（M7.5、死者26人）　④東海道新幹線開通　⑤ライシャワー米駐日大使傷害事件　⑥物価値上がりと新型不況　⑦開放経済移行とIMF東京総会　⑧米原潜シードラゴン佐世保寄港　⑨異常気象（太平洋側乾燥、日本海側豪雨、北海道冷害）　⑩義宮ご結婚

1965（昭和40）年
①日韓条約成立　②朝永振一郎博士にノーベル物理学賞授与　③吉展ちゃん事件解決　④山陽特殊鋼の倒産と山一証券特別融資　⑤都議会解散と社会党第1党　⑥ILO条約の承認　⑦河野一郎、池田勇人相次ぎ死去　⑧公共料金、諸物価値上げ　⑨佐藤首相訪米と沖縄訪問　⑩日本万国博の大阪開催決定

1966（昭和41）年
①羽田沖、富士山上空など航空大惨事の続発　②"黒い霧"と政局不安　③交通戦争の死者数大型化（13,895人）　④千葉大付属病院の集団チフス事件　⑤早大の学園紛争　⑥長野・松代の群発地震　⑦国債発行と景気回復　⑧台風各地で猛威　⑨国産大型ロケット開発進む　⑩72年冬季五輪、札幌開催が決定

1967（昭和42）年
①佐藤首相訪米、小笠原返還決定　②羽田乱闘事件　③初の革新都知事と共産党市長（塩尻）の誕生　④31回総選挙で多党化時代始まる　⑤吉田元首相死去、戦後初の国葬　⑥交通死傷激増、後遺症で自殺者相次ぐ　⑦集中豪雨禍と西日本の干害　⑧資本自由化、第一歩を踏み出す　⑨米価、公共料金の値上げ　⑩共和製糖事件

1968（昭和43）年
①東大など一連の学園紛争　②初の心臓移植手術（和田寿郎札幌医大教授）　③米原潜入港、異常放射能で衝撃の佐世保　④川端康成にノーベル文学賞決定　⑤沖縄初の公選で革新主席、屋良朝苗　⑥観光バス、飛騨川に転落　⑦小笠原諸島日本へ帰る　⑧倉石忠雄農相発言で国会紛糾　⑨水俣病を公害病と認定　⑩新宿駅デモに騒乱罪

1969（昭和44）年
①72年沖縄返還決まる　②32回総選挙、社会党後退　③70年前半の安保闘争　④大学立法（成立8・3）と紛争平常化　⑤交通事故死傷者100万人へ（967,800人）　⑥東大紛争収拾へ安田講堂"落城"　⑦八幡・富士両製鉄合併に公取委、同意審決　⑧チクロ騒動など食品公害　⑨生産・消費両米価据え置きと減反政策　⑩正寿ちゃん殺しなど幼児誘拐続出

1960 デモ隊国会包囲
Protests against Japan-U.S. security treaty

新条約が自然成立する前日の1960（昭和35）年6月18日、安保反対運動が頂点に達し、学生や労働者のデモ隊が国会を包囲。参加者はこの日だけで33万人に。安保闘争には野党、学生、労組など革新勢力のほか、学者や文化人も参加、反対運動は全国各地に広がった。

1960 浅沼社会党委員長刺殺
JSP chief Asanuma assassinated

1960（昭和35）年10月12日午後、東京・日比谷公会堂で開かれた自民、社会、民社3党首の立会演説会で、浅沼稲次郎社会党委員長は、突然演壇に駆け上がった若い男に短刀で胸部を刺されまもなく死亡した。男は大日本愛国党員だった17歳の少年。

1960 所得倍増計画
Income-doubling plan

1960（昭和35）年12月、衆院本会議で所信表明演説をする池田勇人首相。閣議決定した「所得倍増計画」を打ち出した。

1963 三井三池炭鉱事故
Mitsui Miike coal mine disaster

1963（昭和38）年11月9日、、福岡県大牟田市の三井三池鉱業所三川鉱で炭じん爆発事故が起きた。死者458名、坑内に充満した一酸化炭素で800人以上の中毒患者が出た。この事故は、戦後最悪の炭鉱事故・労災事故と言われている。写真は第2坑口から救出される負傷者。

1963 鶴見事故
Tsurumi rail accident

1963（昭和38）年11月9日午後9時50分ごろ、横浜市鶴見区の国鉄東海道線で下り貨物列車の後ろ3両が脱線したところへ上・下の横須賀線が衝突した。この事故で161人が死亡、前年の三河島事故に続く惨事となった。

1964 新幹線開通
Shinkansen inaugurated

　国鉄の最新技術と総工費3800億円を投じ、5年の歳月をかけた東海道新幹線が1964(昭和39)年10月1日営業を開始した。写真は東京・有楽町を走る「ひかり」

1964 東京五輪開幕
Tokyo Olympics

1964（昭和39）年10月10日、アジア初のオリンピックが新装なった東京国立競技場で開かれ、史上最多の94カ国・地域が参加。青空のもと、開会式で日本選手団が最後に堂々と入場行進した。

1965 日韓条約、衆院で強行採決
Japan-South Korea treaty

1965（昭和40）年11月12日午前0時すぎ、衆院本会議で日韓条約を与党は強行採決。これに怒った野党議員は、演壇に詰め寄り自民党議員らと押し合った。

1969 〝安田城〟の攻防
Clash over Yasuda Auditorium

1969（昭和44）年1月18日、東京・本郷の東大安田講堂などに立てこもっていた全共闘の学生に対し、機動隊8500人が出動、封鎖解除を開始した。封鎖は翌19日に解除され占拠していた学生らが逮捕された。写真は安田講堂を放水とガス弾で攻める機動隊。

1970（昭和45）年～1979（昭和54）年
石油ショック、先進国への仲間入り

国内10大ニュース　監修：共同通信社

1970（昭和45）年
①公害、深刻化　②日航機よど号赤軍派乗っ取り事件　③三島事件　④日本万国博（大阪府千里丘）開く　⑤日米安保条約自動継続　⑥日米繊維交渉、決裂・再開　⑦沖縄、国政参加選挙　⑧富士銀行など金融界の不正融資続発　⑨プロ野球界に"黒い霧"　⑩米の生産調整始まる

1971（昭和46）年
①円切り上げ　②沖縄返還協定批准の国会承認　③自衛隊機、全日空機と衝突（雫石）、死者162人　④日中復交へ各界急傾斜　⑤天皇、皇后両陛下ご訪欧　⑥成田空港強制代執行と警官3人殺害　⑦イタイイタイ病など原告勝訴　⑧日本繊維協定に仮調印　⑨大久保清・連続殺人事件　⑩保険医総辞退

1972（昭和47）年
①田中角栄内閣発足、日中復交　②連合赤軍事件　③沖縄祖国復帰　④総選挙で共産党躍進　⑤グアム、ルバングで元日本兵発見　⑥テルアビブ空港乱射事件　⑦高松塚古墳で壁画発見　⑧四日市など公害訴訟で原告勝訴　⑨日航機、インド、ソ連で墜落　⑩地価、株価高騰、インフレ傾向深刻化

1973（昭和48）年
①石油危機と消費規制　②金大中事件　③モノ不足とインフレ激化　④日航機、KLM機乗っ取り事件　⑤長沼訴訟で自衛隊違憲判決　⑥水俣病裁判でチッソ全面敗訴　⑦愛知揆一蔵相急死と田中内閣改造　⑧大洋デパート火災で死者103人の大惨事　⑨江崎玲於奈氏にノーベル物理学賞　⑩円変動、国際収支の赤字続く

1974（昭和49）年
①田中首相「金脈退陣」、三木武夫政権登場　②フォード米大統領来日　③参院選挙で保革伯仲　④公共料金続々値上げ、インフレ加速　⑤三菱、三井などで爆破事件　⑥朴正煕大統領狙撃事件で日韓関係緊迫　⑦ルバング島から小野田寛郎さん帰国　⑧核持ち込みのラロック証言　⑨ゼロ成長で倒産、失業多発　⑩「むつ」の放射線漏れ事件

1975（昭和50）年
①空前のスト権スト　②天皇、皇后両陛下ご訪米　③景気どん底、就職難時代　④連続企業爆破の容疑者逮捕　⑤国も地方も財政危機　⑥6価クロム、塩ビ被害が表面化　⑦保革伯仲国会で重要法案難航　⑧3億円事件時効　⑨興人、戦後最大の倒産　⑩共産党と創価学会が10年協定

1976（昭和51）年
①ロッキード事件、田中前首相ら逮捕　②総選挙で自共敗北、中道進出　③ミグ25、ベレンコ中尉亡命事件　④鬼頭史郎判事補のニセ電話事件　⑤自民党内権力抗争、三木首相退陣　⑥鹿児島で五つ子誕生　⑦公共料金軒並み値上げ　⑧東北・北海道で戦後最大の冷害　⑨台風17号で大被害　⑩福島県知事逮捕、各地で自治体汚職

1977（昭和52）年
①円高、日本経済を直撃　②日本赤軍の日航機乗っ取り事件　③二百カイリ本番、日ソ漁業交渉難航　④社会党内紛と江田三郎、田英夫氏らの離党　⑤参院選、与野党逆転ならず　⑥巨人の王貞治、世界最高の756号本塁打　⑦慶応など大学入試に不正続出　⑧伯仲国会、予算修正と重要法案流産　⑨日米貿易摩擦で対外経済相新設　⑩北海道・有珠山が噴火

1978（昭和53）年
①日中平和条約締結、鄧小平副首相が来日　②自民党総裁選で現職敗れ、大平正芳政権誕生　③円急騰、1ドル=180円を突破　④成田空港、難問山積のまま開港　⑤宮城、伊豆でM7級大地震　⑥スモンなど薬害訴訟で被害者勝訴　⑦栗栖弘臣統幕議長解任と防衛・安保論争　⑧山口組襲撃と抗争殺人　⑨「サラ金」社会問題化　⑩人減らし広がり、失業高水準に

1979（昭和54）年
①総選挙、自民の単独支配揺らぐ　②鉄建公団不正、KDDも疑惑　③石油ショック、日本を揺さぶる　④航空機疑惑で日商岩井事件、松野頼三落選　⑤東京で先進国首脳会議　⑥円安、物価急騰、公定歩合引き上げ　⑦東名高速日本坂トンネル事故　⑧大阪で三菱銀行人質事件　⑨大平首相訪中　⑩奈良で太安萬侶の墓発見

1971 円切り上げ
Yen's revaluation

1971（昭和46）年12月、ワシントンで開かれた10カ国蔵相会議で日本は1ドル＝308円への切り上げを決定した。写真は東京・有楽町で20日からの円切り上げ実施の号外を見る人々。

1972　浅間山荘事件
Siege of Asama-Sanso lodge

　1972（昭和47）年2月19日、武装した連合赤軍5人が警官隊と銃撃戦の末、長野県軽井沢町の「浅間山荘」で、管理人の妻を人質に立てこもった。その模様は連日テレビで生中継され、28日の逮捕時には視聴率が89.7％に達した。

1972　沖縄復帰
Reversion of Okinawa

　1972（昭和47）年5月、沖縄は日本に復帰し、本土から遅れること25年でようやく日本国憲法下に入り、那覇市の国際通りには日の丸の横断幕が掲げられた。だが、基地問題など政府のうたい文句「本土並み」には程遠い。

1972 日中国交正常化
Normalization of Japan-China relations

1972（昭和47）年9月25日、田中角栄首相が北京を訪れ、国交正常化交渉がスタート。日中両首相が共同声明に調印、日本と中華人民共和国（中国）の国交が樹立した。写真は28日、毛沢東主席と握手する田中角栄首相（右）。左は周恩来首相（新華社通信）

1973 石油危機
Oil crisis

1973（昭和48）年11月、東京・青山のスーパーでは石油危機によるモノ不足で商品が消えた。買いだめに殺到した客はガードマンらの制止も聞かず売り場へ突進する姿が見られた。

1974 ルバング島小野田さん
Onoda emerges from 30 years of hiding

1974（昭和49）年3月、小野田寛郎元少尉はかつての上官から任務解除・帰国命令を受け、フィリピン・ルバング島のジャングルから無事救出された。写真は10日、フィリピン軍に投降した小野田さん。

1978 成田空港開港
Narita airport opens

1978（昭和53）年3月26日、千葉県成田市の新東京国際空港の開港に反対する過激派ゲリラが、厳戒態勢のすきを突いて空港内に侵入、管理ビル16階の中央管制塔を占拠した。屋上に逃れた管制官5人はヘリコプターで救出された。

| 1979 | **東京サミット**
Tokyo Summit

1979（昭和54）年6月28日、元赤坂の迎賓館庭に勢ぞろいした各国首脳。左からジェンキンズEC委員長、クラーク加首相、カーター米大統領、大平正芳首相、シュミット西独首相、ジスカールデスタン仏大統領、サッチャー英首相、アンドレオッチ伊首相。

1980（昭和55）年 ～ 1989（平成元）年
昭和から平成へ

国内10大ニュース　監修：共同通信社

1980（昭和55）年

①衆参両院同日選挙で自民党圧勝　②大平首相急死と鈴木善幸内閣発足　③冷害、凶作、戦後最悪に　④静岡の地下街ガス爆発、15人死亡、223人重軽傷　⑤乱診乱療の富士見病院事件　⑥自動車生産世界1、欧米と摩擦　⑦長島茂雄退団、王引退、プロ野球新時代へ　⑧低年齢層殺人、校内・家庭内暴力事件が続発　⑨川治温泉・ホテル火災、45人死亡　⑩自民党内抗争で内閣不信任案可決

1981（昭和56）年

①第2臨調1次答申、行革法成立　②北炭夕張新鉱でガス突出、93人犠牲に　③小佐野賢治社長に実刑判決、榎本三恵子さん衝撃証言　④ライシャワー発言で核持ち込み疑惑　⑤米の要請強まり防衛力増強論議激化　⑥敦賀原発で放射能漏れ、事故隠し　⑦福井謙一教授にノーベル化学賞　⑧伊藤素子事件などコンピューター犯罪多発　⑨対米欧の貿易黒字、史上最高に　⑩鈴木改造内閣発足、「灰色」めぐり抗争

1982（昭和57）年

①鈴木首相退陣、中曽根康弘内閣が誕生　②日航機羽田沖に墜落、24人死亡　③ホテルニュージャパン火災で33人死亡　④臨調が基本答申、国鉄が焦点に　⑤参院全国区に拘束名簿式比例代表制を導入　⑥教科書問題が中韓両国との外交問題に　⑦長崎に集中豪雨、死者・不明299人　⑧税収不足6兆円超え、財政危機深刻に　⑨三越不正事件で社長解任、岡田茂社長らを起訴　⑩ロ事件全日空ルートに有罪判決、田中裁判も結審

1983（昭和58）年

①田中元首相に懲役4年の実刑判決　②年末総選挙で自民大敗、保革伯仲　③日本海中部地震で死者104人　④免田栄さんの無罪確定　⑤日本初の体外受精児誕生　⑥臨調、行政改革で最終答申、行革7法成立　⑦レーガン、コール、胡耀邦来日で首脳外交　⑧中曽根首相訪米、不沈空母発言で論議呼ぶ　⑨荒れる中学生、忠生中事件や浮浪者襲撃事件　⑩初の比例代表参院選で自民圧勝

1984（昭和59）年

①グリコ・森永脅迫事件　②韓国の全斗煥大統領が国賓として初来日　③中曽根自民党総裁（首相）再選　④長野県西部地震、死者行方不明29人　⑤東京・世田谷の通信ケーブル火災　⑥千円、5千円、1万円の新札発行　⑦三井三池鉱業所有明鉱で坑内火災、83人死亡　⑧財田川事件、松山事件の再審被告に無罪　⑨臨教審がスタート、教育改革論議が本格化　⑩元警部の連続強殺事件など警察関係者の犯罪多発

1985（昭和60）年

①日航ジャンボ機墜落520人死亡、4人生存　②田中元首相倒れ、自民党内に創政会旗揚げ　③詐欺まがいの悪徳商法、豊田商事会長刺殺される　④最高裁が衆院定数配分に違憲判決、6・6案廃案　⑤国鉄分割民営の方針、電電・専売は民営へ　⑥貿易摩擦に行動計画、円高誘導で1ドル200円に　⑦過激派が国鉄のケーブル切断などゲリラ活動　⑧つくば科学万博に2000万人以上が入場　⑨中曽根首相が戦後初めての靖国神社公式参拝　⑩阪神タイガース優勝でトラ・フィーバー

1986（昭和61）年

①同日選挙で自民圧勝、新自ク解党、中曽根続投　②伊豆大島大噴火、全島民が避難　③分割・民営化の国鉄法成立、民間移行へ　④円、戦後最高値、超低金利時代　⑤36年ぶり税制改革へ　⑥社会党委員長に土井たか子、初の女性党首　⑦有楽町で史上最高の3億3000万円強奪　⑧中曽根発言、藤尾正行文相放言、相次ぐ陳謝　⑨暴力団の手投げ弾タイ航空機で爆発　⑩第12回先進国首脳会議（東京サミット）開く

1987（昭和62）年

①中曽根指名で竹下登政権発足　②天皇陛下すい臓疾患で入院、初の手術　③地価狂騰1年で3倍も　④国鉄分割、日航とともに民営化　⑤空前の財テク・ブームと株価大暴落　⑥円高ドル安さらに進行　⑦売上税廃案、マル優は廃止　⑧東芝機械がココム違反、日米経済摩擦激化　⑨朝日新聞襲撃、記者2人死傷　⑩利根川進教授がノーベル医学生理学賞受賞

1988（昭和63）年

①リクルート疑惑拡大、宮沢喜一蔵相・真藤恒NTT会長辞任　②天皇陛下ご重体続く　③消費税を柱とする税制改革法案、臨時国会で成立　④潜水艦・釣り船衝突で釣り客ら30人死亡　⑤青函トンネル、瀬戸大橋開通　⑥牛肉・オレンジの自由化決定、コメの開放迫られる　⑦藤ノ木古墳を開棺、古代のロマンよみがえる　⑧上海列車事故で高知学芸高校生ら多数死傷　⑨景気は内需中心に絶好調続く　⑩円レート戦後最高値を更新

1989（平成元）年

①昭和天皇崩御、平成へ　②参院選で与野党逆転、自民惨敗・社会躍進　③政治不信で竹下―宇野宗佑―海部俊樹と政権交代　④消費税導入、廃止・見直しで攻防　⑤幼女連続誘拐殺人事件で宮崎勤容疑者逮捕　⑥連合スタート、労働界が大再編　⑦リクルート事件12人起訴、公判始まる　⑧戦後最大のスター歌手美空ひばり死去　⑨「難民」次々に漂着、政策見直し迫られる　⑩岩戸に迫る好景気で人手不足時代に

1980 自動車生産世界一に
Japan becomes No. 1 auto producer

日本車の低コスト、低燃費、高品質という国際競争力の強さから、1980（昭和55）年に自動車生産世界一になった。写真は名古屋港で船積みを待つ輸出用小型車。

1982 ホテルニュージャパン火災
Inferno at Hotel New Japan

1982（昭和57）年2月8日未明、東京・赤坂のホテルニュージャパンの9階から出火、宿泊客33人が死亡する大惨事となった。有毒ガスを含む煙から逃れるため窓から飛び降り命を落とした人もいた。スプリンクラーを設置せず、可燃材の内装などの違法運営が明るみに出た。

1983 日本海中部地震
Earthquake off northeastern Japan

1983（昭和58）年5月26日正午、秋田県沖でマグニチュード（M）7.7の地震が発生。その直後に津波が襲い男鹿半島の海岸で遠足の小学生が波にさらわれるなど、死者、行方不明104人の犠牲者を出し、多くの家屋が倒壊した。写真は男鹿市の岸壁に打ち上げられた漁船。

1984 グリコ・森永事件
Glico/Morinaga case

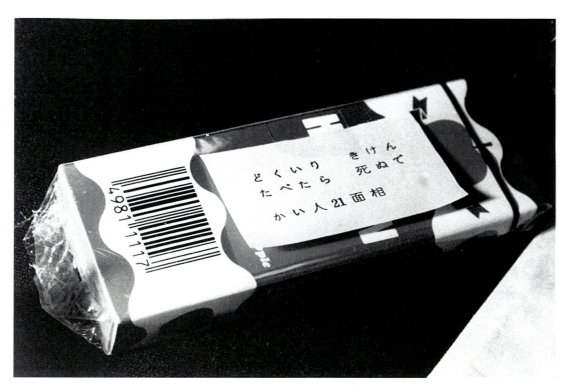

1984（昭和59）年3月、兵庫県西宮市の自宅から江崎グリコの社長が誘拐された。その後、グリコや森永製菓などが繰り返し脅迫を受け、犯人は「かい人21面相」を名乗った。写真は報道機関に届けられた「毒入り」シール付きの森永製品。

1985 日航機御巣鷹山に墜落
JAL plane crash on Mt. Osutaka

1985（昭和60）年8月12日午後6時25分ごろ、夏休みの帰省客らで満席の羽田発大阪行き日航ジャンボ機123便が伊豆半島上空付近で消息を絶った。翌13日早朝、群馬県上野村の御巣鷹山の南側斜面に墜落、炎上しているのが発見された。乗員・乗客520人が死亡、単独の航空機事故としては史上最悪の惨事。

1986　三原山大噴火
Mt. Mihara eruptions

　1986（昭和61）年11月15日、伊豆大島の三原山（764㍍）が噴火、19日には溶岩流が内輪山からあふれ出した。さらに21日には209年ぶりの大噴火が起きたため全島に避難命令が出され、島民約1万300人は巡視船などで島を脱出する騒ぎに なった。

1987　国鉄分割民営化
Privatization of Japanese National Railways

　前年に国鉄改革関連法が成立し、1987（昭和62）年4月にJR北海道、東日本、東海、西日本、四国、九州、貨物が誕生した。写真は新会社の発足に向け、JRのシールを張る博多駅の国鉄職員。

1987　朝日記者射殺事件
Asahi reporter fatally shot

　1987（昭和62）年5月3日、猟銃を持った男が兵庫県西宮市の朝日新聞阪神支局編集室を襲撃、記者が殺傷されるという事件が起きた。卑劣極まりないジャーナリズムに対するテロ行為だが、犯人は捕まっていない。

1989　消費税導入
Introduction of consumption tax

　1988（昭和63）年12月、消費税導入を柱とする税制改革関連法案が成立し、1989（平成元）年4月1日に消費税3％が実施された。写真は3月31日、消費税導入を前に、釣り銭用の1円玉を用意する新宿の小田急デパート。

1989 昭和天皇ご逝去、平成へ
Emperor Hirohito dead, Heisei era begins

昭和天皇がご逝去。元号法に基づき臨時閣議で新元号を決定。写真は1989年1月7日午後、首相官邸で新元号「平成」を発表する小渕恵三官房長官。中国の古典「史記」と「書経」の文中から取られた。

1990（平成2）年～1999（平成11）年

バブル崩壊、政治の混迷

国内10大ニュース　監修：共同通信社

1990（平成2）年

①湾岸危機で日本人も人質、年末解放　②天皇陛下の即位の礼、大嘗祭　③自衛隊海外派遣で憲法論議、協力法案廃案　④株暴落、バブル経済に亀裂・財テクに警鐘　⑤衆院選で自民勝利、「自社対決」新時代へ　⑥日米構造協議決着、430兆円の公共投資決定　⑦日朝三党が国交目指し宣言、紅粉勇船長ら帰国　⑧生体肝移植相次ぎ、脳死論議も高まる　⑨地価高騰全国に拡大、「地価税」導入へ　⑩本島等長崎市長を右翼が狙撃

1991（平成3）年

①「湾岸」へ90億ドル支援、掃海艇派遣　②雲仙噴火で死傷者多数、避難生活長期化　③指導力問われ海部首相退陣、宮沢政権発足　④証券・金融不祥事相次ぎ、蔵相・トップ辞任　⑤バブル崩壊で大型景気に陰り、地価下落　⑥ソ連大統領が初来日、共同声明に領土明記　⑦国連平和維持活動（PKO）協力法案不成立　⑧台風19号で死者62人、リンゴなど大被害　⑨信楽高原鉄道で列車衝突、死者42、負傷614人　⑩コメ開放、「例外なき関税化」で日本苦境に

1992（平成4）年

①佐川事件で政界に激震、政治不信が頂点に　②PKO協力法成立、自衛隊をカンボジアに派遣　③不況深刻化、大型景気対策を発動　④天皇、史上初の中国訪問　⑤ロシア大統領が直前に訪日中止　⑥政府、コメ開放で最終決断へ　⑦金融機関の不良債権が問題化　⑧エイズ感染者が急増、対策に本腰　⑨暴力団対策法を施行　⑩自民党最大派閥の竹下派が分裂

1993（平成5）年

①自民一党支配崩れ、細川護熙連立政権誕生　②細川内閣がコメ部分開放受諾を決定　③金丸信逮捕、ゼネコン汚職摘発拡大　④不況深刻化、雇用不安広がる　⑤冷夏で大凶作、コメを大量輸入　⑥北海道南西沖地震で奥尻島が崩壊状態　⑦皇太子が小和田雅子さんと結婚　⑧政治改革法案が衆院通過、決着は来年へ　⑨カンボジアで日本人死傷、PKO活動終了　⑩Jリーグがスタート、サッカー熱高まる

1994（平成6）年

①非自民政権崩壊、自社さで村山富市政権誕生　②記録的猛暑、空前の渇水被害　③名古屋で中華航空機事故、264人死亡　④政治改革関連法成立、施行　⑤大江健三郎氏にノーベル文学賞　⑥円初の2けた、価格破壊、空洞化広まる　⑦銃犯罪広がり、企業テロ相次ぐ　⑧自衛隊合憲など社会党が基本政策大転換　⑨新生、公明、民社などが新進党結成　⑩税制改革、消費税5％へ

1995（平成7）年

①阪神大震災死者5,500人超す、防災体制欠陥露呈　②オウム教、サリンなどで全国震かん、破防法適用　③兵庫銀、木津信組など金融機関の破たん相次ぐ　④沖縄米兵暴行事件に怒り、基地使用に知事署名拒否　⑤無党派層が激増、青島幸男東京、横山ノック大阪知事誕生　⑥円相場80円突破の超円高、金利は史上最低に　⑦野茂英雄、米大リーグで活躍、新人王　⑧大和銀が巨額損失隠しで米国追放、大蔵行政に批判　⑨参院選で村山連立政権に厳しい審判、新進躍進　⑩スーパーで女子高生ら射殺など銃器犯罪多発

1996（平成8）年

①厚生省汚職で前次官ら逮捕、官僚腐敗に怒りの声　②新制度下初の総選挙、第2次橋本龍太郎自民少数内閣　③薬害エイズ官学業トップら逮捕。HIV訴訟和解　④沖縄基地縮小で日米合意、普天間海上移設。県民投票　⑤病原性大腸菌O157食中毒で11人死亡　⑥住専処理に税金投入。貸し手、借り手責任追求　⑦全国自治体で公費不正支出、秋田県知事辞意　⑧村山内閣総辞職、橋本内閣発足　⑨北海道トンネル崩落20人死亡　⑩坂本堤弁護士ビデオ問題でTBS社長辞任

1997（平成9）年

①拓銀、山一破たん、預金者保護に10兆円国債　②神戸連続児童殺傷事件で中3男子逮捕　③消費税5％などで景気減速、2兆円所得減税へ　④4大証券、一勧など総会屋に利益供与　⑤行革、1府12省庁に再編、郵政事業国営維持　⑥臓器移植法成立、「脳死は人の死」と認定　⑦サッカーW杯へ日本初出場決める　⑧島根沖でロシアタンカー重油流出、漁業被害　⑨日米防衛協力の新指針、周辺有事に中国反発　⑩動燃東海再処理工場で爆発、虚偽報告で処分

1998（平成10）年

①戦後最悪の不況、過去最大の景気対策　②和歌山の毒物カレー事件で林真須美容疑者逮捕　③参院選自民惨敗で橋本首相退陣、小渕恵三政権誕生　④長銀、日債銀が破たん、国有化。金融健全化に60兆円　⑤大蔵省、日銀で接待汚職。蔵相、日銀総裁辞任　⑥長野冬季五輪開催、日本選手金メダルラッシュ　⑦改正外為法が施行、日本版ビッグバンスタート　⑧サッカーW杯フランス大会に日本初出場し、全敗　⑨防衛庁背任・汚職事件、額賀福志郎長官が引責辞任　⑩自自連立政権樹立で合意

1999（平成11）年

①東海村で国内初の臨界事故、被ばく者死亡　②臓器移植法による初の脳死移植　③神奈川県警で組織ぐるみの不祥事隠し　④失業率過去最高、中高年の自殺急増　⑤ガイドライン法成立と自衛隊初の海上警備行動　⑥国旗国歌法成立　⑦自公連立で小渕再改造内閣が発足　⑧日産がルノー傘下に、都銀の経営統合など再編進む　⑨要介護認定が始まり、介護保険が実質スタート　⑩拓銀、長銀、日債銀旧経営陣に強制捜査

1991	雲仙・普賢岳で大火砕流
	Mt. Unzen eruptions

1990（平成2）年11月、長崎県島原半島の雲仙・普賢岳が約200年ぶりに噴火。翌年の6月3日午後4時8分、山頂付近の溶岩ドームが崩落して火砕流が発生した。火砕流は麓まで流れ下り、消防団員や報道関係者ら計43人が死亡した。

1991 海上自衛隊湾岸派遣
MSDF mission dispatched to Persian Gulf

1991（平成3）年、政府は、自衛隊法99条に基づく措置として海上自衛隊掃海部隊のペルシャ湾派遣を決定。自衛隊初の実働部隊として6隻が出航した。写真は6月13日、クウェート市東120㌔沖のペルシャ湾で、補給のため掃海母艦「はやせ」（中央）に接舷する掃海艇「あわしま」（手前）。奥は補給艦「ときわ」

1991 金融・証券の不祥事
Financial scandals

1991（平成3）年は証券業界の不健全な営業実態が明るみに。さらに銀行などの架空預金、不正融資が次々と表面化、金融界そのものの信用が失墜した年だった。写真は参院本会議で疲れ切った表情の海部俊樹首相（右）と橋本龍太郎蔵相。この年、2人とも退陣した。

1992 天皇訪中
Emperor pays historic visit to China

1992（平成4）年10月23日、史上初めて天皇、皇后両陛下が訪中。陛下は「中国国民に対し多大の苦難を与えた」とお言葉。楊尚昆国家主席は「陛下の訪中は両国国民の相互理解を一層増進する」と述べた。写真は北京の人民大会堂東門外広場で楊国家主席とともに儀仗隊を閲兵される天皇陛下。

1993 細川政権誕生
Hosokawa leads non-LDP government

1993（平成5）年8月9日、非自民連立の細川内閣が発足した。首相官邸の中庭での記念撮影の後、羽田孜副総理兼外相（左）と乾杯する細川護熙首相。

1993 皇太子さま、ご成婚
Crown prince married

1993（平成5）年6月9日、天皇、皇后両陛下に結婚を報告する「朝見（ちょうけん）の儀」の後、結婚祝賀パレードで沿道の人たちににこやかに手を振られる皇太子さまと雅子さま。

1993　サッカーJリーグ発足
J. League inaugurated

1993（平成5）年5月15日、サッカーの人気向上と日本代表の強化などを目的に地域密着の理念を掲げ、10チームでプロサッカー「Jリーグ」が開幕した。写真は国立競技場の開幕セレモニー。

1994　自社さ政権誕生
3-party coalition government

1994（平成6）年4月、社会党委員長の村山富市氏が内閣総理大臣に就任し村山内閣が発足した。写真は10月17日、参院予算委で答弁する村山富市首相（社会）。後方左から河野洋平外相（自民）、武村正義蔵相（新党さきがけ）、橋本龍太郎通産相（自民）の各閣僚。

1995 阪神大震災
Great Hanshin Earthquake

　1995（平成7）年1月17日午前5時46分、兵庫県淡路島北部を震源とするマグニチュード（M）7.3の大地震が発生。神戸市などで観測史上初の震度7を記録した。写真は橋桁の根元部分から倒れ、波状になった神戸市東灘区の阪神高速道路。

1995 地下鉄サリン事件
Sarin gas attack on Tokyo subway lines

　1995（平成7）年3月20日午前8時ごろ、東京都内の地下鉄で猛毒の化学物質サリンがまかれ、乗客や駅職員ら12人が死亡、6千人以上が重軽症となった。写真は地下鉄日比谷線小伝馬町駅構内から出てホースで洗浄してもらう東京消防庁の化学機動隊員。

1999 臨界事故で死者
Nuclear criticality accident

　1999（平成11）年9月30日午前、茨城県東海村の核燃料加工会社ＪＣＯ東海事業所の転換試験棟で、ウラン溶液の製造作業中に臨界事故が発生、国内の原子力史上最悪の事故となった。写真は同年11月21日、転換試験棟内で沈殿槽のウラン溶液の抜き取り作業をするＪＣＯの社員（ＪＣＯ提供のビデオ画像）

2000（平成12）年〜 2009（平成21）年

リーマンショック、民主党政権誕生

国内10大ニュース　監修：共同通信社

2000（平成12）年

①西鉄バスジャックなど17歳の犯行相次ぎ、少年法改正　②有珠山、三宅島噴火、鳥取西部地震など列島大揺れ　③小渕首相が緊急入院・死去、森喜朗内閣は人気低迷　④五輪女子マラソンで高橋尚子が金メダル、女性活躍　⑤そごうが倒産、千代田、協栄など生保破たんも　⑥介護保険制度スタート　⑦雪印乳業製品で集団食中毒事件、食品異物混入も相次ぐ　⑧新潟の少女監禁事件、警官不祥事で県警本部長らが辞任　⑨iモード大ヒット、BSデジタル放送開始　⑩旧石器時代遺跡発掘でねつ造発覚

2001（平成13）年

①小泉純一郎内閣発足　②国内初の狂牛病の牛を確認　③不況深刻化。株価急落、失業率5%台　④大阪・池田小児童殺傷事件。8人が死亡　⑤敬宮愛子さま誕生　⑥えひめ丸がハワイ沖で米原潜と衝突、沈没　⑦テロ対策特別措置法成立、自衛艦インド洋へ　⑧イチロー、米大リーグで大活躍　⑨外務省不祥事続発。外相と官僚の対立続く　⑩ハンセン病訴訟で原告全面勝訴

2002（平成14）年

①日朝首脳会談、拉致被害者5人帰国　②日韓共催サッカーW杯　③ノーベル賞初のダブル受賞　④牛肉偽装事件、食品不正表示も横行　⑤疑惑で田中真紀子氏ら4議員辞職　⑥鈴木宗男議員逮捕　⑦東電でトラブル隠し、原発停止広がる　⑧デフレ対策決定、株価最安値　⑨倒産相次ぐ、失業率5.5%で最悪水準　⑩住民基本台帳ネットワーク稼働

2003（平成15）年

①邦人外交官2人がイラクで殺害　②衆院選で民主党躍進、与党は絶対安定多数で2大政党時代へ　③長崎男児殺害など少年の重大事件相次ぐ　④有事関連法が成立　⑤イラク復興支援特措法が成立、自衛隊派遣へ　⑥りそな銀行に公的資金投入、足利銀行は国有化　⑦阪神タイガースが18年ぶりリーグ優勝　⑧自民党総裁に小泉首相 が再選、中曽根、宮沢両元首相が引退　⑨松井秀喜選手が大リーグ・ヤンキースで活躍　⑩ 個人情報保護法が成立、住基ネットが本格稼働

2004（平成16）年

①震度7の新潟県中越地震が発生、死者40人　②イラクで邦人の殺害、拉致。自衛隊の派遣を延長　③台風上陸が最多の10個、集中豪雨でも被害　④北朝鮮拉致被害者家族が帰国、ジェンキンスさんも来日　⑤プロ野球が大再編、選手会は初ストライキ　⑥三菱自、西武鉄道など 名門大企業のモラル問われる経済事件　⑦小学6年の女児の同級生殺害など子どもをめぐる事件多発　⑧国民年金未納問題官房長官ら辞任。年金改革法成立　⑨参院選挙で民主党が躍進、新代表に岡田克也氏　⑩ 79年ぶりに国内で鳥インフルエンザ

2005（平成17）年

①衆院選で小泉自民党が296議席の歴史的大勝　②尼崎のJR西日本脱線事故、107人が死亡　③耐震強度の偽装で不安広がる　④郵政民営化法が再提出され成立　⑤アスベスト（石綿）被害深刻に　⑥ネット企業とテレビ局の経営めぐる攻防激化　⑦少年、少女をめぐる残虐な事件が相次ぐ　⑧小泉首相の靖国参拝で中韓との関係冷却　⑨有識者会議が女性・女系天皇容認の報告書　⑩ 景気の踊り場脱却で株価一時1万6千円台に

2006（平成18）年

①安倍晋三政権が発足。首相は直後に中韓歴訪　②ホリエモン、村上世彰代表らヒルズ族の逮捕　③秋篠宮家に男子誕生。皇室として41年ぶり　④自治体の官製談合で県知事の逮捕相次ぐ　⑤いじめ自殺、未履修などで教育現場混乱　⑥マンション耐震偽装で姉歯秀次元建築士ら逮捕　⑦改正教育基本法が成立。防衛庁の「省」昇格法も　⑧日銀がゼロ金利を解除、景気は「いざなぎ」超え　⑨トリノ冬季五輪で荒川静香選 手が唯一の金メダル　⑩ 飲酒運転の悲惨な事故が多発し厳罰化の動き

2007（平成19）年

①参院選で自民党が歴史的惨敗。「ねじれ国会」に　②安倍晋三首相が突然退陣。後任に福田康夫氏　③「消えた年金」で社保庁に対する怒り沸騰　④防衛装備疑惑で守屋武昌前防衛次官を逮捕　⑤「白い恋人」から船場吉兆まで止まらぬ食品偽装　⑥「政治とカネ」問題が噴出。松岡利勝農相が自殺　⑦震度6強の能登、中越沖地震。原発の安全性に疑問も　⑧テロ特措法が期限切れ。海自がインド洋撤収　⑨憲法改正手続きを定めた国民投票法が成立　⑩ 伊藤一長長崎市長が選挙運動中に 射殺される

2008（平成20）年

①福田首相も政権投げだし。後継麻生太郎首相の支持率急降下　②景気後退入り、株価は急落、円高騰　③秋葉原や大阪の個室ビデオ店などで「誰でもよかった」的犯罪　④冷凍ギョーザ、汚染米転売など食への不信さらに高まる　⑤日本人学者4人がノーベル物理学賞と化学賞受賞　⑥後期高齢者医療制度がスタート、天引きに苦情殺到　⑦暫定税率議決でガソリン価格の狂騒曲　⑧元厚生次官らの連続殺傷事件に衝撃　⑨標準報酬月額の改ざん明るみに、年金不信拡大　⑩ 非正規雇用が過去最高に。「蟹工船」ブーム

2009（平成21）年

①衆院選で民主党圧勝。政権交代で鳩山由起夫政権誕生　②裁判員裁判がスタート　③新型インフルエンザが大流行、死者も増加　④円高。デフレ宣言。日航の経営危機など企業業績悪化　⑤事業仕分け、八ツ場ダム中止など新政権の政策続々と　⑥年越し派遣村に多くの人。失業率最悪レベルで雇用不安　⑦足利事件でDNA不一致の菅家利和さん釈放、再審開始　⑧WBCで日本が連覇。イチロー、松井秀もメジャーで活躍　⑨核持ち込みなどの外交密約で元次官らの証言、相次ぐ　⑩ 地方の高速道路が土日祝日、千円で乗り放題

2001 実習船が米原潜と衝突
Training ship collides with U.S. sub

2001（平成13）年2月9日（日本時間10日）、米ハワイ・オアフ島沖で、愛媛県立宇和島水産高校の実習船えひめ丸が、緊急浮上した米原潜グリーンビルに衝突され沈没。生徒4人ら計9人が亡くなった。写真は真珠湾に帰港した米原潜グリーンビル。えひめ丸との衝突でついた傷跡（右下）が生々しく残っている。

2002 拉致被害者5人が帰国
5 abduction victims return home

2002（平成14）年10月15日、北朝鮮に拉致されていた5人が帰国。羽田空港に到着し、中山内閣官房参与（手前左）の先導で政府チャーター機のタラップを下りる浜本富貴恵さん（手前中央）、地村保志さん（同右）、奥土祐木子さん（中央左）、蓮池薫さん（同右）、曽我ひとみさん（上左から3人目）の拉致被害者5人。

2004 新潟県中越地震
Chuetsu Earthquake rocks Niigata Pref.

2004（平成16）年10月23日午後5時56分、新潟県川口町を震源にマグニチュード（M）6.8、最大震度7の地震が発生。同県長岡市、小千谷市などの67人が死亡、約4800人が負傷した。住宅は約1万7千棟が全半壊し、上越新幹線「とき325号」が長岡市内で脱線した（国交省提供）

2004 イチロー大リーグ最多安打記録
Ichiro sets new MLB record

2004（平成16）年、米大リーグ・マリナーズのイチローは日米通算2000本安打を達成。10月1日には本拠地のセーフコ・フィールドでシーズン最多安打となる258本の安打を放ち、スタンドからの大歓声を浴びた。イチローはこのシーズン262安打を記録し首位打者に輝いた。

2005 尼崎のJR脱線事故
Amagasaki train crash

2005（平成17）年4月25日午前9時18分ごろ、兵庫県尼崎市のJR福知山線カーブで上り快速電車が脱線。1、2両目が線路脇のマンションに衝突し、乗客と運転士計107人が死亡、約550人が重軽傷を負うJR史上最悪の惨事になった。

2007 リーマンショック　株価急落
Lehman Shock, stock prices tumble

2007（平成19）年2月28日午前の東京株式市場は、前日の米国株の大幅な下げとなったのを受け、全面安、日経平均株価は一時700円を超える急落となった。前日に上海株が大幅下落するなど世界同時株安の様相となった。

2009 鳩山内閣誕生
Hatoyama Cabinet inaugurated

2009（平成21）年8月の衆院選で民主党は308議席を獲得。戦後初めて、野党第1党が選挙で過半数を取り政権交代が実現した。写真は9月16日、内閣の正式発足を前に、与党3党の党首会談で握手する（左から）社民党の福島瑞穂党首、鳩山由紀夫首相、国民新党の亀井静香代表。

2010（平成22）年～ 2014（平成26）年
東日本大震災、原発事故

国内10大ニュース　監修：共同通信社

2010（平成22）年

①尖閣諸島で中国漁船が巡視船に衝突。ビデオ流出騒ぎも　②参院選で民主党大敗。ねじれ国会に　③厚労省元局長に無罪判決。特捜検事らを逮捕　④普天間移設で日米合意。迷走の鳩山内閣は辞職し菅直人内閣誕生　⑤宮崎県で口蹄疫の被害が拡大。全国を震撼　⑥観測史上最高の猛暑。熱中症多発で死者も　⑦小惑星イトカワから探査機「はやぶさ」が帰還　⑧所在不明の高齢者が続々判明。「無縁社会」も深刻に　⑨ノーベル化学賞に根岸英一、鈴木章両氏　⑩円高が進行、15年ぶりの高水準に。政府は介入

2011（平成23）年

①東日本大震災と東電福島第1原発事故　②菅首相が居座りの末退陣、ドジョウ野田佳彦内閣誕生　③サッカー女子W杯、なでしこジャパン世界一　④円が戦後最高値を更新、円売り介入、輸出産業苦境に　⑤野田首相がTPP交渉参加を表明　⑥東電が初の計画停電、夏は15％節電　⑦政府要請で浜岡原発停止、九電ではやらせメール問題　⑧大阪ダブル選で橋下徹氏、愛知トリプル選で河村たかし氏側完勝　⑨小沢一郎民主党元代表を強制起訴、元秘書3人は有罪　⑩八百長問題で大相撲春場所中止、25人が角界追放

2012（平成24）年

①衆院選で自公が政権奪還、第2次安倍内閣発足　②尖閣、竹島の領有権問題で日中、日韓関係が悪化　③消費税増税法が成立、2段階で10％へ　④iPS細胞の山中伸弥教授にノーベル賞　⑤原発利用で国論二分、敦賀原発は廃炉濃厚　⑥ロンドン五輪でメダル最多の38個　⑦新型輸送機オスプレイを沖縄配備　⑧尼崎連続変死事件、主犯格容疑者は留置場で死亡　⑨家電メーカー総崩れ、エルピーダは破綻　⑩東電が実質国有化、電力各社料金値上げへ

2013（平成25）年

①参院選で自民圧勝、「ねじれ」解消　②特定秘密保護法が成立、国家安全保障会議を設置　③2020年の東京五輪開催決定　④消費税率引き上げ決定、来年4月に8％　⑤「アベノミクス」で円安株高、日銀総裁に黒田東彦氏就任　⑥TPP（環太平洋連携協定）交渉に参加　⑦東電福島第1原発で汚染水漏れ、対策に国費投入　⑧日中、日韓関係が泥沼化、安倍首相は靖国参拝　⑨プロ野球で東北楽天日本一、田中将大24連勝の新記録　⑩衆参1票格差に初の無効判決、最高裁は衆院違憲状態

2014（平成26）年

①集団的自衛権の行使容認を閣議決定　②消費税4月から8％、10％はGDPマイナスで延期　③御嶽山噴火で戦後最悪の被害、広島市で大規模土砂災害　④衆院選で自公3分の2維持、第3次安倍内閣発足へ　⑤青色発光ダイオードで3氏がノーベル物理学賞　⑥小保方晴子氏がSTAP細胞作製と発表、理研は不正と認定　⑦朝日新聞が慰安婦、原発の記事で取り消し、社長辞任　⑧日銀が追加金融緩和、株価上昇、円安が加速　⑨テニス錦織圭が四大大会全米で準優勝、世界5位　⑩沖縄県普天間の辺野古移設で国調査、反対の知事が当選

2010 中国漁船衝突事件
Chinese trawler rams Japanese patrol ships

　2010（平成22）年9月7日、沖縄県・尖閣諸島付近の日本の領海内で操業していた中国漁船が、海上保安庁の巡視船「みずき」「よなくに」に衝突、海保が船長を逮捕した。衝突の様子を撮影したビデオとみられる映像がインターネット上の動画サイト「ユーチューブ」に投稿された。

2011 福島第1原発事故
Disaster at Fukushima nuclear power plant

　2011（平成23）年3月11日に発生した東日本大震災で、東京電力福島第1原発が自動停止。津波で非常用電源が壊れ、1〜3号機の原子炉と定期検査中の4号機を含む使用済み燃料プールの冷却機能を失った。水素爆発や火災で原子炉建屋が大きく損壊、大量の放射性物質が大気中に放出された。写真は発生から8カ月後の11月12日に撮影された福島第1原発の原子炉建屋。

2011　東日本大震災
Great East Japan Earthquake and tsunami

　2011（平成23）年3月11日午後2時46分、宮城県沖約130㌔を震源としたマグニチュード（M）9.0の巨大地震が発生。太平洋沿岸各地に大津波が押し寄せ、宮城県気仙沼市は大きな被害を受けた。地震の規模は国内観測史上最大。

2011 東日本大震災
Kid survives Great East Japan Earthquake

東日本大震災で大きな被害が出た宮城県気仙沼市。3月14日に、がれきの中で水を運ぶ少年の姿があった。昨年亡くなった俳優の高倉健さんは、この写真を台本に貼って「自らを奮い立たせた」と話した。

2012 尖閣諸島に中国船
Chinese patrol boat nears Senkaku Islands

2012（平成24）年10月2日、沖縄県・尖閣諸島久場島沖を海上保安庁の巡視船に挟まれて航行する中国の海洋監視船「海監27」。日中間の領土問題は解決の糸口が見えない。

2013 福島第1原発で汚染水漏れ
Contaminated water leaked

2013（平成25）年10月3日、東京電力福島第1原発の地上タンクから新たな汚染水漏れが見つかった。同年8月にも高濃度汚染水の漏えい事故があり、東電は汚染水問題で悪循環を断ち切れていない。

2013　2020に東京五輪決定
Tokyo to host 2020 Olympics

2013（平成25）年9月7日（日本時間8日早朝）、国際オリンピック委員会（IOC）はブエノスアイレスで開いた総会で、2020年の夏季五輪の開催都市に東京を選んだ。写真は開催都市を東京と発表するIOCのロゲ会長。

2014 ノーベル物理学賞受賞
3 share Nobel Prize in Physics

2014（平成26）年12月10日、ストックホルムのコンサートホールでノーベル賞物理学賞のメダルを手に記念写真に納まる（左から）赤崎勇・名城大終身教授、天野浩・名古屋大教授、中村修二・米カリフォルニア大サンタバーバラ校教授。

2014 集団的自衛権
Collective self-defense

歴代内閣は憲法9条が許容する「必要最小限度の自衛権の範囲を超える」と解釈してきた集団的自衛権行使を、安倍政権は2014（平成26）年7月1日の閣議で一部容認を決定。同日、安倍晋三首相は記者会見を開いたが、内外から疑問視する声も多い。

2014 御嶽山が噴火
Mt. Ontake eruptions

2014（平成26）年9月27日午前、長野県と岐阜県にまたがる御嶽山（3067㍍）が噴火した。噴石の直撃を受けるなどした登山客ら57人が死亡、6人が行方不明となった。右奥は富士山。